AF603253

NOTICE BIOGRAPHIQUE

SUR

BEAUTEMPS-BEAUPRÉ

1766-1854

par M. L'ABBÉ BUACHE.

CHALONS-SUR-MARNE.

IMPRIMERIE F. THOUILLE, RUE D'ORFEUIL, 3.

1887

BEAUTEMPS-BEAUPRÉ.

A une lieue environ au nord de Sainte-Ménehould, dans la partie de la Champagne qui forme maintenant le département de la Marne, Blanche, comtesse palatine de Troyes, fit bâtir au XIIIe siècle, sur les terres de l'abbaye de Moirmont, le bourg aujourd'hui connu sous le nom de La Neuville-au-Pont (1).

Situé à l'embouchure du Woillon, non loin des vastes forêts de l'Argonne, au milieu de plaines fertiles que l'Aisne traverse en tous sens et qu'elle semble ne quitter qu'à regret, entouré de riants coteaux garnis de vignes et d'arbres fruitiers, ce village charme toujours les regards du touriste, ami des sites pittoresques.

C'est là que naquit, le 6 août 1766, Charles-François Beautemps-Beaupré. Plein de pétulance et de vigueur, l'enfant partagea de bonne heure les jeux champêtres de ses jeunes camarades, et ses courses prolongées à travers

(1) La Neuville-au-Pont, qui s'appela d'abord Le Pont, puis Pont-Sainte-Marie, et qui reçut au XIIIe siècle (1203) de la comtesse Blanche de Champagne une charte analogue à celle de Sainte-Ménehould, a commencé de prendre alors le nom qu'elle porte aujourd'hui. (*Géographie du département de la Marne*, par M. Poinsignon, inspecteur d'Académie honoraire. 1879.

la prairie ou sur les hauteurs voisines favorisaient singulièrement la formation de son tempérament naturellement robuste.

Un accident faillit cependant compromettre sa santé. Étourdi et insouciant du danger comme on l'est à cet âge, notre espiègle eut un jour l'idée bizarre d'entrer dans l'église paroissiale pour y jouer avec la corde de la cloche. Tout à coup l'enfant est lancé violemment sur le pavé du temple... il a le crâne ouvert.... le sang coule en abondance.... on le transporte évanoui dans sa famille, et sans le dévouement et l'habileté de son parent, il eût assurément perdu l'intelligence et peut-être même la vie. L'opération du trépan que lui fit subir le chirurgien Buache (1) réussit à merveille; au bout de quelques jours, le blessé, remis sur pied, ne se ressentait plus de sa chute et retrouvait, avec ses forces physiques, la liberté de ses mouvements et l'usage de ses facultés intellectuelles.

François avançait en âge et parfois le père et la mère se plaisaient à interroger l'avenir pour savoir ce qu'il réservait à leur enfant. Mais à quoi pouvaient-ils prétendre? Quelques vignes et quelques champs composaient toute leur fortune; ils n'étaient donc pas à même de s'imposer de grands sacrifices pour procurer à leur fils, intelligent et laborieux du reste, une éducation supérieure, et le moyen de parvenir un jour à une position lucrative et brillante.

(1) M. Élie de Beaumont dit dans son *Éloge historique de Beautemps-Beaupré* (14 mars 1859) : « Je n'ai pu retrouver le nom du modeste chirurgien de province auquel, après Dieu, notre confrère a dû la vie et l'intelligence, et qui peut-être ne connut jamais lui-même toute la valeur de cette tête qu'il avait restaurée. »

Ce chirurgien n'est autre que Buache. Il était alors médecin à La Neuville-au-Pont; on l'appelait « La Lancette » dans son pays et dans sa famille, à cause de sa profession.

Nous avons lu ces détails dans des papiers de famille.

Et puis, le chemin n'était-il pas tout tracé? A l'exemple de son père et de sa mère, Beaupré se contentera de cultiver la terre et de travailler la vigne; ou bien, comme tant d'autres de ses compatriotes, il taillera la pierre, et s'il le faut, chaque année, au retour du printemps, il quittera, lui aussi, parents et amis pour aller gagner sa vie dans de vastes chantiers; puis, quand reviendra la saison des pluies et des frimas, il reprendra le chemin du village, rapportant avec bonheur au foyer domestique le fruit de son épargne et de ses labeurs.

Telles n'étaient pas les vues de la Providence. Elle réservait François à de plus hautes destinées.

II

Jean-Nicolas Buache (1) se trouvait alors, à Paris, à la tête d'un fonds de géographie qu'il avait repris de son oncle Philippe Buache (2). Cette maison, avantageusement connue pour ses publications relatives à la géographie, à l'astronomie et à la marine, prenait de jour en jour plus d'importance et d'extension, et le négociant cherchait un commis sérieux et dévoué qui pût lui venir en aide, le suppléer au besoin et lui permettre par là même de s'adonner librement à ses études favorites.

(1) Buache (Jean-Nicolas, 1748-1825) de La Neuville-au-Pont, a succédé à l'illustre d'Anville comme premier géographe du roi; il a laissé de nombreux mémoires dans le Recueil de l'Académie des sciences, dont il était membre, et une *Géographie élémentaire, ancienne et moderne.*

(2) Buache (Philippe), né à Paris, élève et gendre de Delisle, fut nommé premier géographe du roi — 1729 — et membre de l'Académie des sciences — 1730 — Il a laissé un *Atlas physique* et des mémoires très-intéressants.

Dans un voyage qu'il fit *au pays* en 1776, Nicolas Buache eut maintes fois l'occasion de rencontrer François. La physionomie intelligente et expressive de l'enfant, son regard vif et pénétrant captivèrent l'attention du savant qui n'hésita pas à demander la permission d'emmener à Paris son jeune cousin à peine âgé de dix ans. Inutile de dire que la famille fit à cette requête un accueil empressé. Parents et amis accoururent chez les Beautemps-Beaupré pour les féliciter de cette bonne fortune : car chacun savait que le géographe parisien était très-apprécié à la cour et dans le monde savant, et que, grâce à son crédit et à son renom, il saurait assurer l'avenir de son protégé.

A peine arrivé à Paris et installé dans le magasin de la rue des Noyers, le petit provincial se met résolument à l'œuvre, il remplit son nouvel emploi avec un zèle et une ardeur extraordinaire : atlas, cartes, globes, publications scientifiques, tout lui passe par les mains, tout est classé, scrupuleusement examiné ; bref, l'apprenti a trouvé sa voie ; il fait tant et si bien qu'au bout de quelques mois, il est en état de donner aux clients les renseignements nécessaires, à la grande satisfaction du *patron,* heureux et fier de trouver dans son parent un goût si prononcé pour tout ce qui touche aux travaux géographiques. Aussi tous les efforts du maître tendront désormais à tirer parti des talents de François et à l'affermir dans sa vocation naissante.

III

Louis XVI, géographe distingué lui-même, avait chargé M. de La Pérouse d'un voyage autour du monde. On suppose que Nicolas Buache, après avoir concouru à l'éducation du prince, avait fait germer dans l'esprit du roi la pensée de cette expédition lointaine. En tous cas, ce fut lui qui prépara, dans l'espace de quelques mois, avec l'aide de son surnuméraire, les cartes réclamées par le capitaine albigeois. François, que ce travail avait passionné, voulait à tout prix s'embarquer. Mais il n'avait que dix-huit ans! Une toux opiniâtre le faisait souffrir depuis quelque temps et alarmait ses nombreux amis. M. Buache, heureusement inspiré, refusa d'acquiescer aux désirs du jeune homme et préféra le retenir près de lui plutôt que de le voir interrompre des travaux intéressants et éminemment utiles, ruiner peut-être sa santé, compromettre son avenir et s'exposer aux dangers multiples que rencontre infailliblement l'homme de mer au milieu du plus changeant et du plus capricieux des éléments.

Sorti du port de Brest le 1er août 1785, avec les frégates *La Boussole* et *L'Astrolabe,* La Pérouse étudia tous les parages de l'Océan Pacifique, les côtes de la Tartarie et des îles adjacentes, se rendit au Kamtchatka par le détroit qui a conservé son nom, puis, traversant les îles des Navigateurs, arriva en 1788 à Botany-Bay, pour remettre à la voile le 10 mars de la même année.

A partir de cette époque, le célèbre explorateur n'avait plus donné signe de vie et ce long silence commençait à inspirer au ministre de la marine de vives et cruelles inquiétudes.

Le 29 septembre 1791, conformément au décret porté par l'Assemblée Nationale le 9 février précédent et approuvé par le roi, les équipages de *La Recherche* et de *L'Espérance* reçurent de Bruny d'Entrecasteaux l'ordre d'appareiller. Le temps était beau; des vents favorables permettaient de sortir facilement du golfe de Gascogne.

Les corvettes se hâtèrent de lever l'ancre, et une fraîche brise d'est les poussa rapidement au large. L'amiral devait aller à la recherche de La Pérouse et en même temps faire le relèvement des côtes qu'il aurait à visiter pour retrouver les traces de l'infortuné navigateur.

Il s'empressa de faire monter Beaupré à son bord, en qualité de premier ingénieur hydrographe; il connaissait, en effet, la réputation que s'était acquise ce jeune homme de vingt-cinq ans, en travaillant avec M. de Fleurieu, à rédiger les cartes du Neptune de la Baltique, et il comptait trouver en lui un auxiliaire précieux, dont le dévouement et les connaissances lui serviraient à mener à bien sa délicate et périlleuse mission.

Cette fois, François était au comble de ses vœux, car il voyait se réaliser le rêve qu'il caressait depuis quinze ans(1).

A quoi faut-il attribuer la passion de Beaupré pour les choses de la mer? Sans doute à ses travaux antérieurs, aux relations charmantes qu'il s'était créées dans l'entourage de son cousin, mais aussi à cet ascendant irrésistible que cet art merveilleux de la marine a de tout temps exercé sur les hommes doués d'une intelligence supérieure. François avait l'esprit scientifique; il possédait, à un haut degré, cette patience de travail que rien ne décourage, cette force de caractère que rien n'abat, le sang-froid, l'audace, la prudence et l'énergie que réclament les grandes entreprises; il était né pour « descendre sur mer dans des navires, et pour faire ses opérations au milieu des flots (2). »

(1) V. appendice n° 4.

(2) Confiteantur Domino qui descendunt mare in navibus, facientes operationem in aquis multis. (Ps. cvi, v. 23.)

Qu'ils rendent hommage au Seigneur, ceux qui descendent sur mer dans les navires, et qui font leurs opérations au milieu des grandes eaux.

IV

L'hydrographie maritime a pour but de fournir des indications aussi précises que possible sur la configuration des côtes; de reconnaître la topographie sous-marine, au moyen de sondes faites à toutes les heures du jour et de la marée; de trouver et de fixer les positions des roches sous l'eau, les accores des bancs et des hauts-fonds; de signaler les récifs contre lesquels viendraient se briser les vaisseaux; les bancs de sable ou de vase qui obstruent les embouchures des rivières et l'entrée des ports, etc., etc. Les opérations du sondage sont les plus importantes de toutes celles qu'un ingénieur hydrographe puisse avoir à faire à la mer.

Cette science, on le comprend aisément, facilite les relations internationales; elle aide au développement du commerce et de l'industrie; elle rend la navigation plus rapide, et surtout, elle sauve ou protége la vie de nos braves marins. Aussi Beautemps-Beaupré, comme hydrographe, a droit à la reconnaissance publique.

L'hydrographie avait fait, il est vrai, des progrès réels avant que notre compatriote songeât sérieusement à s'occuper de ces questions; on se servait déjà de la boussole et du cercle répétiteur à flexion de Borda; mais il eut le courage de rejeter les méthodes incomplètes du passé pour utiliser et appliquer, avec une habileté incomparable, les procédés nouveaux. « Il substitua à l'usage de la boussole « les relèvements astronomiques, dont il fit dépendre les « angles de direction, pris désormais à l'aide du cercle à

« réflexion de Borda, et il tira un parti merveilleux de « cette proposition connue sous le titre de *segment capable* « *d'un angle donné,* que tous les géomètres enseignaient, « mais dont personne ne faisait usage (1). » Il trouva ce que cherchèrent en vain les savants du XVIIIe siècle, le secret de donner aux explorations hydrographiques une facilité et une exactitude inconnues jusqu'alors, et, pour tout dire en un mot, « il inaugura le début d'une ère « nouvelle, celle de *l'Hydrographie de précision.* »

Quelques passages extraits du Mémoire que M. de Rossel a joint, comme appendice, à sa relation du voyage de d'Entrecasteaux, nous donneront une idée des méthodes employées par l'un des maîtres de la science hydrographique, pour le lever et la construction de ses cartes et de ses plans. Nous y verrons, en même temps, avec quelle habileté, avec quelle exactitude scrupuleuse il dirigea ou exécuta les opérations qui lui furent confiées, à différentes époques de sa vie.

V

Exposé des méthodes employées pour lever et construire les cartes et plans qui composent l'Atlas du voyage du contre-amiral de d'Entrecasteaux.

« Je fus chargé de remplir les fonctions d'ingénieur hydrographe en chef de l'expédition confiée à M. d'Entrecasteaux, et je me suis constamment efforcé de seconder les vues de ce marin justement regretté de tous ceux qui

(1) Cf. Élie de BEAUMONT, *Éloge historique de Beautemps-Beaupré.*

l'ont connu et qui ont apprécié ses rares qualités; je n'ai cessé de mettre en pratique les leçons qui m'avaient été données par MM. de Fleurieu et Buache pendant six années que j'avais travaillé, sous leurs ordres, à la construction des cartes marines.

« Les opérations principales qui servent de fondement à nos cartes sont celles qui ont été faites à midi, et aux mêmes heures que les observations d'angles horaires. Je réunissais près de moi, à ces instants du jour, le plus grand nombre possible d'observateurs. Une minute avant de prendre les relèvements, je faisais une esquisse de la vue des terres, en commençant par les parties qui, étant les plus éloignées, devaient éprouver le moins de changement dans leurs formes; ensuite, à l'instant précis où se faisaient les observations astronomiques, je mesurais la distance angulaire entre l'objet que j'avais désigné à mes coopérateurs comme point de départ, et l'un des points remarquables de la côte, tandis que chacun d'eux mesurait la distance angulaire du même point de départ à l'un des autres objets qu'il fallait relever. Les résultats simultanés étaient portés ensuite sur le croquis qui avait été fait de la vue des terres.

« Quand le soleil n'était pas trop élevé au-dessus de l'horizon, un des observateurs mesurait la distance de cet astre à l'un des points remarquables de la côte. Au moyen des hauteurs observées par M. de Rossel et de la distance, j'obtenais le relèvement astronomique de ce point, d'où je concluais les relèvements astronomiques de tous les objets sur lesquels on avait pris des angles. Deux boussoles étaient toujours dirigées, pendant la durée des observations, sur le point pris pour départ des angles, et le milieu entre les relèvements que donnaient ces instruments, était porté sur le cahier, soit que l'on eût observé un relèvement astronomique, soit que la chose eût été impossible. Si des circonstances qui se présentaient rarement m'empêchaient de réunir un assez grand nombre d'observateurs pour prendre simultanément des angles sur tous les points remarquables qu'il était nécessaire de relever, je disposais plusieurs instruments pour prendre moi-même avec promptitude deux ou trois angles, sans être obligé de les écrire sur-le-champ.... Enfin, quand la frégate faisait trop de chemin, on amortissait son aire pendant la courte durée des relèvements.

« Les opérations qui ne se faisaient pas aux mêmes instants que les observations de latitude et de longitude, étaient d'autant plus multipliées que nous étions plus voisins de la côte; elles commençaient au soleil levant, et ne se terminaient qu'à la nuit. A chacune de ces stations, on observait le relèvement astronomique de l'un des points remarquables de la côte, lorsque toutefois le soleil était visible, et que son élévation au-dessus de l'horizon n'était pas trop considérable; mais quand cette observation était impossible, on employait le relèvement moyen du point de départ des angles, obtenu par deux boussoles. Quand le soleil était visible aux heures de son lever et de son coucher, on faisait des relèvements au moment où son bord inférieur était élevé de 16' au-dessus de l'horizon; et alors, en mesurant la distance de son centre à l'un des points de la côte, on avait le relèvement astronomique de ce point par le moyen de l'amplitude.

« ..Il est aisé de reconnaître que nous avons pris beaucoup de précautions pour nous garantir des erreurs occasionnées par l'instabilité du bâtiment, et de celles qui peuvent résulter de l'usage des boussoles. Ces instruments n'ont été employés à chaque station que pour prendre le relèvement d'un seul point, et, toutes les fois qu'il a été possible d'observer le relèvement astronomique de l'un des objets remarquables de la côte, les relèvements à la boussole ont servi seulement à faire connaître la déclinaison de l'aiguille aimantée.

« Nous avons apporté une attention particulière aux observations de gisements des points remarquables des côtes, lorsqu'ils étaient vus les uns par les autres, parce que ces observations forment une partie très-importante du travail que l'on fait sous voiles, pour lever les cartes hydrographiques.

« Je fus bientôt convaincu qu'il ne suffisait pas de multiplier les stations pour faire des cartes détaillées des côtes inconnues que nous visitions, mais qu'il fallait encore, pour éviter les méprises, ne jamais perdre la terre de vue pendant la durée du travail; aussi ai-je eu l'attention, dans toutes les circonstances, de rester continuellement sur le pont de la frégate, pour remarquer les différents changements qu'éprouvaient les configurations des caps, des îles, des montagnes, etc., etc., pour prendre les gisements respectifs des points que nous amenions successivement les uns par les autres en faisant route. Outre les dessins de vues sur lesquels s'écrivaient les angles pris à chaque station, bien souvent, je faisais un croquis, en forme de plan, de la partie de côte relevée, pour conserver le souvenir des petits détails que ces vues seules ne pouvaient bien exprimer.

« C'est d'après les gisements des objets relevés les uns par les autres que l'on peut particulièrement se convaincre de l'insuffisance de la boussole pour fixer avec quelque exactitude les détails d'une côte.

« *Des reconnaissances faites en canot.* — Les instruments que nous avons employés dans les reconnaissances faites en canot, sont : le cercle à réflexion, pour mesurer les distances angulaires entre des points qu'il fallait fixer, soit par des stations à la mer, soit par des stations sur le rivage; un cercle azimuthal à lunettes, dont la lunette supérieure avait un mouvement perpendiculaire sur le plan de l'instrument, pour les stations des points trop élevés au-dessus du niveau de la mer; une lunette avec un micromètre pour mesurer des bases; un horizon artificiel pour prendre la hauteur du soleil, lorsque, n'ayant pas l'horizon de la mer, on voulait néanmoins observer le relèvement astronomique d'un objet terrestre; une bonne boussole, et enfin, dans quelques circonstances, le cercle astronomique. »

VI

Un voyage de découverte, on le voit par l'exposé que Beautemps-Beaupré nous a laissé de ses travaux, est loin de ressembler à un voyage d'agrément. La première obligation des explorateurs étant « de fuir constamment les sentiers battus, et de rechercher les écueils avec le même soin que d'autres les évitent, » ils sont condamnés, malgré leur vigilance et leur habileté, à vivre au milieu des périls, et à ne rencontrer que surprises et déceptions.

Le personnel des deux corvettes avait été soigneusement choisi. Il se composait d'officiers instruits et distingués, de matelots intelligents, vertueux et ardents, de savants de premier ordre : astronomes, géographes, naturalistes, etc.; tous ces éléments se trouvaient réunis sous la main énergique d'un chef de grande expérience et d'un mérite incontesté. Par malheur, les bâtiments n'offraient pas les garanties voulues. « Les deux corvettes, dit l'amiral Jurien de la Gravière, destinées à entreprendre le voyage de circumnavigation auquel je venais d'obtenir l'honneur de prendre part, n'étaient pas de cette race de navires *pur sang* sur le jarret ou sur l'ardeur desquels on peut compter. C'étaient deux humbles flûtes qui n'avaient jamais été destinées au rôle pompeux qu'un caprice du sort les appelait inopinément à jouer. »

Ce n'est pas tout. La concorde et la bonne harmonie devaient être troublées pendant la campagne. « Le navire qui s'éloigne du port, c'est le monde en raccourci, avec ses passions, ses rivalités toujours face à face, ses haines qui fermentent, ses amitiés qui s'altèrent. Et cependant ce monde avec ses passions, ses rivalités, ses amitiés et ses haines, ce monde est trop étroit pour ne pas être monotone. » Il y avait sur chaque corvette un état-major militaire et un état-major civil; les officiers d'un côté, les savants de l'autre, formaient comme deux catégories distinctes, deux camps bien tranchés. Or, dès le début, « la géographie et l'histoire naturelle furent aux prises, » bientôt après, la jalousie, l'ambition, les discussions politiques créèrent entre les officiers un antagonisme qui faillit compromettre le succès de leur expédition.

Ces révélations nous feront concevoir une admiration plus grande pour la persévérance et la rare énergie de Beautemps-Beaupré. Malgré toutes les intrigues, en dépit des obstacles que lui opposaient les hommes et les choses, notre jeune ingénieur poursuivait sans relâche sa laborieuse mission. Son âme était trop bien trempée pour céder au découragement; il travaillait nuit et jour, et jusqu'à la fin, il resta inébranlable dans son désir de servir les intérêts de la science et de la mère patrie.

VII

Cinq années s'étaient écoulées depuis le départ de Bruny d'Entrecasteaux, et malgré des travaux et des efforts incessants, il n'était pas encore parvenu à pénétrer dans l'île où vraisemblablement s'étaient perdus les bâtiments de La Pérouse. Le commandant de *L'Espérance* avait succombé, dans le havre de Balade, à la fièvre lente qui le minait depuis deux mois. L'amiral lui-même avait été emporté en quelques jours par le scorbut, non loin de l'île Waigiou ; les équipages, fatigués par de longues traversées, n'ayant, pour réparer leurs forces, qu'une eau fétide et des provisions gâtées, étaient décimés par cette affreuse maladie que le chantre des Lusiades a dépeinte en termes si énergiques. Il fallut donc, bon gré mal gré, songer à la retraite. Toutefois, cette résolution imposée par les circonstances ne pouvait porter atteinte à la réputation des chefs de l'expédition : chacun avait fait son devoir, le temps avait été consciencieusement employé, et si l'on n'avait pas réussi à surmonter tous les obstacles et à retrouver les vestiges des naufragés, on rapportait du moins des documents précieux, rassemblés avec soin au cours de ce pénible voyage (1).

(1) Grâce aux renseignements précis que lui avait fournis un matelot lascar de Tikopia, Dumont d'Urville, plus heureux que bon nombre d'autres navigateurs, jette l'ancre, le 14 février 1828, aux îles Vanikoro, qui ne sont autre chose que *l'île de la Recherche*, relevée précédemment par Beautemps-Beaupré. Or c'est là, paraît-il, que se perdirent les frégates de La Pérouse, en 1788.

« Nous relevâmes pour la première fois, dit l'ingénieur en chef de Bruny d'Entrecasteaux, du point de station de 9 heures 20 minutes, le 19 mai, l'île F ou de *la Recherche*, dans un grand éloignement. Du point de midi, du 19, nous

N'est-ce pas, en effet, à cette époque que fut effectuée la reconnaissance des îles de Kermadec, des archipels de Santa-Cruz et de Salomon, des côtes de la Nouvelle-Calédonie, de l'île Bougainville, des parties méridionales de la Nouvelle-Irlande et de la Nouvelle-Hanovre, des parties septentrionales de la Nouvelle-Bretagne, de la Louisiade, des îles de l'Amirauté et de Waigiou, du détroit de Boutoun dans toute son étendue, de près de trois cents lieues marines des côtes sud de la Nouvelle-Hollande, et enfin, d'une suite de canaux, de baies, de rades et de ports formant la partie sud-est de la terre de Van-Diémen, que personne n'avait encore explorée (1) ?

Le retour fut marqué par plus d'un incident fâcheux. Les frégates ayant jeté l'ancre à l'entrée de la rade de Sourabaya, le 27 octobre 1793, se trouvaient par là même, en pays ennemi ; car, à cette date, 6 brumaire an II, la Hollande était en guerre avec la France, et, sans l'intervention du Conseil supérieur de Batavia, il leur eût été impossible de pénétrer dans la rivière de Sourabaya.

D'autre part, les officiers qu'on avait envoyés à terre et qui avaient été retenus quelque temps prisonniers, rapportèrent des nouvelles alarmantes sur la situation faite à notre pays par la guerre civile et par l'invasion des armées étrangères. Ces bruits, exagérés à dessein, l'incertitude et l'inaction dans lesquelles vivaient les états-majors et les

avons relevé pour la seconde fois la même île, puis nous l'avons perdue de vue. » *Voyage de d'Entrecasteaux*, t. I, p. 681.

Selon M. Élie de Beaumont, il eût été facile à l'amiral de retrouver les débris du naufrage, si ses officiers avaient examiné plus attentivement le morceau de fer monté en forme de hache que leur montrèrent les naturels de l'archipel de Santa-Cruz, mais il paraît aujourd'hui certain que nous n'eussions plus rencontré un seul des naufragés qui avaient survécu au désastre.

(1) Cette nomenclature est tirée du discours prononcé par M. Duperrey, membre de l'Académie des sciences, aux funérailles de Beautemps-Beaupré.

équipages, contribuèrent à exalter les inimitiés et à accroître la mésintelligence qui régnait à bord des corvettes. Le commandant, égaré sans doute par son ambition et sa crédulité, fait arborer le pavillon blanc sur les bâtiments et sollicite les secours du Gouverneur. On séquestre les frégates, plusieurs officiers sont emprisonnés dans les forteresses de Batavia, et bon nombre de matelots relégués dans l'intérieur de Java. A son grand étonnement, Beautemps-Beaupré se voit mettre au nombre des proscrits, et pendant quelques jours, il est détenu dans ses appartements et gardé à vue par deux factionnaires. Il dut à sa haute situation et à la notoriété de ses services d'être remis en liberté.

Les événements se chargèrent bientôt de dissiper les malentendus et « de ramener la haute régence à des sentiments plus équitables. » Quelques mois s'étaient à peine écoulés que les Hollandais s'engageaient à mettre les prétendus rebelles sur le chemin de l'Europe. Mais la plupart des officiers et marins se dispersèrent, pour prendre la direction qu'ils préféraient.

Beautemps-Beaupré s'arrêta au cap de Bonne-Espérance, où des familles françaises étaient venues s'établir, après la révocation de l'Édit de Nantes. Il trouva dans les marques de sympathie que lui prodiguèrent ses compatriotes, un dédommagement aux tracasseries et aux déboires de la veille. Pour tromper l'ennui, et aussi pour éviter toute chance de les voir disparaître, dans le cas où M. de Rossel, dépositaire des manuscrits de l'expédition, serait arrêté par les Anglais, l'ingénieur fit une nouvelle copie de ses cartes, dont, fort heureusement, il avait conservé la minute (1). Puis, profitant du départ d'un bâtiment amé-

(1) V. appendice n° 1.

ricain, il chargea le chirurgien Renard, son ami, de remettre ses papiers à notre ambassadeur aux États-Unis. Lui-même se fit conduire à Gottembourg, où le consul de France lui procura le moyen de regagner sa patrie.

VIII

Il arrive à Paris, le 31 août 1796, charmé de retrouver, après plusieurs années d'exil, le calme du foyer et les douces émotions de la famille. Mais il est à peine remis de ses longues fatigues que M. de Fleurieu fait un nouvel appel à sa bonne volonté et à ses lumières. Beaupré accepte, sans hésiter, les offres de son ancien maître. Il ne peut, en effet, refuser un service à celui qui a toujours été pour lui un bienfaiteur et un ami. Il reconnaît d'ailleurs que le travail en question lui fournit l'occasion d'appliquer une fois de plus ses talents, comme cartographe et comme hydrographe. Enfin, il a une réputation à soutenir, un rang à conserver parmi les représentants autorisés de la science. Toutes ces considérations le décident à reprendre, sous la direction de l'ex-ministre, la continuation du *Neptune de la mer Baltique.*

Le grand ouvrage contenant le journal et les cartes du voyage de Bruny d'Entrecasteaux parut seulement en 1808. Pour relater les incidents divers qui s'étaient produits au cours de cette mémorable expédition, pour consigner fidèlement tous les détails réclamés par le Gouvernement et par tous ceux qui avaient accompagné de leurs sympathies et de leurs vœux les illustres navigateurs, et surtout, pour donner aux cartes destinées à compléter cet ouvrage la clarté et la précision nécessaires, il fallait, on le conçoit, un temps considérable. Néanmoins, Beaupré ne s'était pas laissé complètement absorber par ce travail important. Du 20 juillet 1799 au 26 juin 1804, il avait trouvé moyen d'étudier, au point de vue hydrographique, le cours de l'Escaut, de rédiger des cartes très-détaillées, donnant le plan de ce fleuve avec ses rives, ses confluents, son embouchure, les côtes qui l'avoisinent, et amenant à cette conclusion, que les vaisseaux de ligne de toutes grandeurs pouvaient entrer dans le port d'Anvers. Ce beau travail valut à son auteur la croix de la Légion d'Honneur (5 août 1804).

Désormais Napoléon, qui se connaissait en hommes, fera de Beaupré le confident et l'instrument privilégié de ses desseins. Chaque fois qu'il s'agira d'élaborer ou d'exécuter un projet tendant à relever le prestige de la marine française, il interrogera l'hydrographe de son choix et s'en remettra à sa longue expérience et à sa haute autorité.

Voilà comment Beaupré partit pour la Dalmatie, le 6 février 1806, avec ordre de visiter tous les ports militaires de la côte orientale de la mer Adriatique, comprise entre Venise et les bouches du Cattaro. Trois ans après, il arrivait à Schœnbrunn pour remettre à l'Empereur victorieux (1) les documents qu'il avait recueillis. Napoléon, émerveillé des résultats obtenus par le savant, voulut récompenser ses talents et son infatigable activité, en lui conférant lui-même, à cette occasion, la décoration de la Couronne de fer.

Un peu plus tard, quand il sera question de chercher un emplacement favorable sur la rive gauche de l'Elbe, pour y creuser un port militaire, c'est encore à Beaupré que cette mission sera dévolue. Là aussi, il sera à la hauteur de sa tâche, et le roi de Hanovre, devenu, à la suite de nos

(1) Août 1809. — Les Autrichiens avaient été battus à Wagram.

désastres, possesseur des notes et renseignements collectionnés par notre compatriote, le fera recevoir au nombre des membres de l'Académie des sciences de Gœttingue.

IX

Nous sommes en 1810. La mort de M. de Fleurieu vient de laisser un grand vide dans la première classe de l'Institut (section de géographie et de navigation). L'opinion publique désigne immédiatement Beautemps-Beaupré comme le futur successeur du défunt, et les amis de l'un et de l'autre s'empressent d'offrir à l'élève la place de son vénérable maître. Mais son humilité s'effraie, il faut, pour ainsi dire, lui faire violence pour obtenir son adhésion et le décider à poser sa candidature. Et qui donc, cependant, méritait mieux que lui de franchir le seuil de l'Institut, « cet asile séculaire du travail et de la méditation. » Il était encore relativement jeune, il est vrai; il avait affaire à des concurrents sérieux et recommandables à tous égards; mais son passé ne plaidait-il pas éloquemment sa cause? Ses travaux n'étaient-ils pas connus et vantés dans le monde entier? Ils étaient si nombreux que M. Arago, chargé de faire un rapport sur les titres et la valeur du postulant, ne put s'empêcher de lui dire un jour, en lui rappelant ce qu'il avait su produire en quarante-quatre ans : « Mais, vous devez avoir cent ans! »

Beautemps-Beaupré n'était un étranger pour aucun des membres de l'Institut; aussi, le 24 septembre 1810, la grande majorité de leurs suffrages se portèrent sur le nom de l'hydrographe (1).

(1) Il prit place à côté de Jean-Nicolas Buache.

Les détails si intéressants qui précèdent font le plus grand honneur à Beautemps-Beaupré; mais ce qui le recommande tout particulièrement à notre admiration, c'est l'exploration des côtes occidentales et septentrionales de France. En signant, le 6 juin 1814, l'ordonnance relative à l'exécution de ce travail, Louis XVIII était loin d'innover. Déjà, sous les règnes précédents, et spécialement sous Louis XIV, on avait levé le plan de notre littoral; mais les guerres et les événements tristement fameux qui désolèrent la fin du siècle dernier avaient rejeté dans l'ombre l'hydrographie française; il importait de la relever et de la mettre au niveau de la géographie. Du reste, les instruments avaient été perfectionnés, la science avait marché et il était facile de rendre dorénavant plus exactes et plus complètes les observations astronomiques, géodésiques et nautiques, qui servent de base à l'hydrographie, de diminuer de plus en plus le nombre des sinistres maritimes, en fournissant aux marins des cartes d'une précision rigoureuse.

Beaupré se rend à Brest avec les huit ou dix ingénieurs ou officiers de marine qui ont brigué l'honneur de le suivre et de lui prêter leur concours, et durant vingt-deux années, il poursuit, avec une ardeur et une persévérance admirables, le but qu'on lui a proposé. C'est à lui que le dépôt général de la marine doit de posséder, dans une collection de 527 volumes in-4°, les documents nécessaires pour faire dresser au besoin, à de très-grandes échelles, le plan de toutes les parties de notre littoral.

Le *Nouveau Pilote français* (tel est le nom donné à cette œuvre colossale) excita l'admiration des connaisseurs, même à l'étranger. Les Anglais notamment, si compétents en ces sortes de matières et d'autre part si peu accessibles à l'enthousiasme, si réservés dans leurs éloges, surtout quand il s'agit des voisins, ont été jusqu'à qualifier Beautemps-Beaupré du titre de *Père de l'hydrographie*. Aussi, personne ne sera surpris quand, en 1844, au moment où sera publiée la sixième et dernière partie du Pilote français, le roi Louis-Philippe le nommera Grand Officier de la Légion d'honneur.

En présentant à l'Académie des sciences, de la part de M. le baron de Mackau, ministre de la Marine, cette dernière partie du Pilote des côtes occidentales et septentrionales de France, Beautemps-Beaupré s'exprima ainsi :

« Cet ouvrage, qui est dû au corps des ingénieurs hydrographes de la marine, a été commencé sous mes ordres, en 1816, dans les environs de Brest, et a été terminé, pour les travaux à la mer et sur les côtes, dans la campagne de 1838, et pour les travaux de rédaction, à la fin de l'année 1843.

« Les six atlas contiennent 21 cartes générales, 65 cartes particulières, 21 plans de format grand-aigle, 15 plans de format demi-aigle, 14 plans de format quart d'aigle, 279 tableaux de vues prises sur les principaux dangers des côtes occidentales et septentrionales de France, et 184 tableaux des hautes mers et des basses mers observées pendant la durée des vingt campages faites sur ces mêmes côtes.

« Nous sommes heureux de pouvoir ajouter que les naufrages ont considérablement diminué de fréquence sur nos côtes de l'Océan, depuis qu'un nouveau et admirable système d'éclairage des phares y a été établi, et que les cartes du *Pilote français* ont été publiées. »

Après avoir donné de justes éloges aux divers ministres de la Marine qui s'étaient succédé depuis 1816 et aux collaborateurs qui lui avaient été adjoints, il ajouta :

« Ce qui complète le bonheur que j'éprouve d'avoir réussi à amener à une heureuse fin un travail aussi considérable que celui dont je mets aujourd'hui les derniers résultats sous les yeux de l'Académie, c'est de n'avoir pas eu à déplorer la perte d'un seul de mes collaborateurs, par un accident de mer, dans le cours des vingt campagnes faites au milieu de l'immense quantité de dangers dont les abords de nos côtes de l'Océan sont encombrés (1). »

X

Lorsque, son œuvre terminée, Beautemps-Beaupré s'était éloigné des côtes septentrionales de la France, il n'avait pas renoncé pour toujours à la navigation. On dit que, malgré les privations, les fatigues inouïes, les souffrances physiques et morales sans cesse renouvelées que son dur métier lui impose, le vrai marin conserve toujours un attachement profond pour la mer, et quand il descend à terre, il emporte le désir ardent de la revoir. Tels étaient les sentiments de Beautemps-Beaupré en 1839. Il avait alors soixante-treize ans; cinquante de ces années s'étaient passées sur les flots, jamais son estomac n'avait pu se faire aux oscillations des navires; malgré cela, la vue de la mer lui avait toujours procuré les plus douces jouissances, et, à la fin de sa carrière, le vieillard aimait la mer comme il l'aimait à vingt ans. Ne nous étonnons donc pas qu'il succombe de nouveau à la tentation lorsque l'amiral Baudin le sollicite de lui venir en aide pour déterminer les changements survenus dans le régime des barres (2), à l'em-

(1) Séance du lundi 7 octobre 1844.

(2) A l'embouchure des rivières qui déversent leurs eaux dans la mer, il se produit, chaque jour, à la marée montante, une lutte acharnée entre les eaux

bouchure de la Seine. Cette fois, ce qui l'enchante par-dessus tout, c'est que la voile a fait place à la vapeur. En songeant aux services immenses que cette force merveilleuse et nouvelle était appelée à rendre à la science nautique, le septuagénaire aurait voulu, paraît-il, se rajeunir, et il s'écriait « qu'il recommencerait volontiers sa carrière pour avoir le plaisir de faire de l'hydrographie avec de telles facilités (1). »

Mais l'heure du repos avait sonné (2). Sur les instances de sa famille et de tous ceux qui s'intéressaient à sa santé, il finit par consentir à rentrer dans la vie privée et à consacrer aux siens la dernière partie de son existence. Toutefois, il conservera dans sa modeste demeure de la rue des Saints-Pères les relations que lui ont ménagées sa bienveillance et sa réputation. Il n'abandonnera pas les études qui ont rempli sa vie et sa porte sera toujours ouverte à ceux qui viendront lui demander des conseils ou l'entretenir des questions qui lui sont chères.

Le nom de Beautemps-Beaupré est sur toutes les lèvres; les honneurs et les applaudissements de la foule le suivent jusque dans sa retraite. C'est à qui apprendra de lui des détails inédits sur ses travaux et sur son passé pour en faire l'objet d'un article dans un journal ou dans une revue scientifique; mais lui, toujours simple, toujours modeste

qui descendent et celles qui montent. Celles-ci finissent par l'emporter; les rivières grossissent considérablement pour diminuer ensuite avec la marée basse. Mais en même temps la mer, à chaque mouvement du flux, ramassse et ramène en face des embouchures les sables charriés par ces rivières et forme des bancs ou barres qui gênent la navigation.

(1) Le premier bateau à vapeur fut construit par un Français, Perrier, en 1775. — L'introduction de la navigation à vapeur en France, sur les rivières, date de 1815. — Ce fut en 1818 que les bâtiments commencèrent à s'aventurer en mer. (*Dictionnaire des Lettres et des Beaux-Arts*. Dezobry et Bachelet.)

(2) Beautemps-Beaupré fut admis à la retraite le 25 septembre 1848.

comme le sont d'ordinaire les vrais savants, se contente de répondre avec une charmante bonhomie : « Il sera temps de s'occuper de cela, quand je serai mort. »

Sur la demande de Napoléon, alors Président de la République, le sculpteur Desprez avait été choisi pour graver sur le marbre les traits du célèbre hydrographe. Le travail offrait de sérieuses difficultés : car le savant avait 86 ans et jamais jusqu'alors il n'avait permis à aucun artiste de faire son portrait. L'habile statuaire parvint néanmois à reproduire fidèlement la physionomie si fine et si noble de l'octogénaire et le 2 février 1853, au nom de l'Empereur, et en présence de tout le corps des ingénieurs, le ministre Ducos inaugura ce buste dans la grande galerie du Dépôt de la marine.

Le contre-amiral Mathieu, se faisant l'interprète de ses éminents collègues, prononça, dans cette touchante solennité, un discours des plus enthousiastes et des plus élogieux que nous serions tenté de reproduire. Nous nous bornerons à citer le passage suivant :

« En ayant constamment sous les yeux les traits vénérables de celui qui a été notre chef, et qui a créé cette admirable science hydrographique, flambeau de la navigation, nous nous rappellerons sans cesse ses immenses et consciencieux travaux, ses utiles conseils, son dévouement au devoir, sa rigide probité, et, à chaque instant de la journée, pour ainsi dire, nous lui payerons le tribut de respect et de reconnaissance que nous lui devons à tant de titres. »

A l'issue de cette imposante cérémonie, le ministre, l'amiral et tout le personnel du Dépôt se rendirent chez le héros du jour pour l'assurer une fois de plus de leur gratitude et de leur vénération, et si nous en croyons le vice-amiral Baudin, le vieillard « goûta dans toute sa plénitude la satisfaction que lui causait un tel hommage. »

XI

Hélas! cette allégresse si légitime, ces émotions si suaves allaient bientôt faire place à la tristesse et à la douleur. Le jour où la mort avait renversé brutalement (1) à ses côtés la compagne si aimante et si dévouée que la Providence lui avait donnée dans la personne de Madame Fayolle, veuve d'un commissaire général de la marine, Beaupré s'était senti frappé au cœur. A partir de ce moment, sa santé, déjà fortement ébranlée, s'était altérée de plus en plus, et la toux qui ne l'avait pas quitté depuis l'âge de 18 ans, avait fini par triompher de sa robuste constitution. Malgré ces tortures du corps et ces angoisses de l'âme, malgré son âge avancé, il n'avait rien perdu de son intelligence ni de son énergie, et jusqu'à sa dernière heure, il se préoccupa des besoins de la navigation maritime et des travaux préparés ou exécutés par la commission des phares, dont il avait été si longtemps l'inspirateur et le guide.

Peu de temps avant sa mort, il donna audience à M. Dumas, accompagné de plusieurs de ses collègues. Ces messieurs tenaient à connaître l'opinion du maître sur l'origine et sur l'utilité d'un engrais que la mer amasse à l'embouchure des rivières de Bretagne et de Normandie et que les cultivateurs désignent sous le nom de *tangue*. Cet entretien scientifique ravive dans l'esprit du malade les souvenirs du passé; il se rappelle les côtes qu'il a visitées, les études

(1) Madame Beautemps-Beaupré est morte subitement le 2 décembre 1844.

auxquelles il s'est livré passionnément, etc.; son visage s'anime d'une vive chaleur, son regard s'illumine, et, souriant à ceux qui l'entourent : « On ignore, répond-il, comment la tangue se produit, c'est la *poule aux œufs d'or,* il ne faut pas y toucher. »

Chez Beaupré, le savant se doublait du chrétien, et sa foi lui donnait le secret de supporter son mal avec une résignation parfaite. Durant plusieurs années, il eut à souffrir horriblement et jamais on ne surprit sur ses lèvres la parole amère du désespoir. Un ami plein de sollicitude cherchait un jour à le rassurer. « Je suis bien sensible à ce que vous me dites, repartit doucement le moribond, mais j'ai bientôt 88 ans. » Il ne redoutait pas la mort.

Le Dieu qu'il avait loyalement servi, et devant lequel il avait souvent courbé la tête au milieu des tempêtes, vint le visiter sur son lit de douleur, et le 16 mars 1854 il mourut comme il avait vécu, sans peur et sans reproche, le regard vers le ciel (1).

XII

La cérémonie des obsèques eut lieu le samedi 18 mars, à Saint-Thomas d'Aquin (2). L'église fut beaucoup trop étroite pour recevoir les députations envoyées par les sociétés savantes, les officiers généraux de la marine, les

(1) Il laissait deux héritiers de son nom glorieux : M. Pierre Beautemps-Beaupré et M. Charles Beautemps-Beaupré. Le premier a été armateur à Granville (Manche) où il est mort en 1870. Le second est actuellement conseiller à la Cour d'appel de Paris.

(2) V. appendice n° 2.

anciens collègues et amis du défunt. Les funérailles prirent les proportions d'un deuil public.

Si nous voulions mentionner ici tous les travaux auxquels prit part Beautemps-Beaupré, les distinctions dont il fut l'objet tant en France qu'à l'étranger (1), étudier à fond « cet homme d'un caractère antique, » comme l'appelait madame la marquise de Laplace, faire ressortir davantage les qualités de son esprit et de son cœur, l'élévation de ses sentiments, sa fermeté stoïque au milieu des revers, sa loyauté, sa modestie, « cette dignité pleine de bienveillance qui présidait à toutes ses relations, » enfin, montrer parfaitement tout ce que représente d'efforts cette vie si pleine et si glorieuse; il nous resterait encore bien des détails à donner. Nous en avons dit assez pour faire bénir sa mémoire. Qu'il nous suffise, en terminant cette notice, de rappeler quelques-unes des paroles déposées par l'amiral Baudin sur la tombe de son ami, comme un suprême témoignage d'estime et d'affection :

« Sa carrière a été une succession non interrompue de travaux d'une incontestable utilité pratique et journalière. Aussi longtemps que nos côtes conserveront leur configuration actuelle, sans que les détails en soient altérés par aucun cataclysme, c'est-à-dire, s'il plaît à Dieu, pendant plusieurs siècles encore, des milliers de navigateurs, français et étrangers, béniront chaque jour le nom de Beautemps-Beaupré. Ce nom, inscrit sur un si grand nombre d'excellentes cartes, sera salué par la reconnaissance publique; il sera l'objet de durables hommages longtemps encore après que les cœurs dans lesquels l'ont gravé aujourd'hui l'estime et l'amitié, auront cessé de battre. »

(1) V. appendice n° 3.

A une époque où l'on se plaît à tresser des couronnes, à ériger des statues à des concitoyens plus ou moins dignes de ces honneurs posthumes, il nous a été particulièrement agréable de résumer, pour la faire mieux connaître, la vie d'un compatriote qui a consacré plus de soixante années au service de son pays et dont le nom restera le synonyme de science, honneur et patriotisme.

APPENDICES.

N° 1.

M. de Rossel, officier de *La Recherche,* tomba entre les mains des Anglais, à la hauteur des îles Schetland, avec les précieux documents dont il avait la garde, mais il nous apprend lui-même qu'à l'époque de son retour en France, il reçut de l'Amirauté anglaise les plans et papiers qu'elle avait confisqués. (Voyage de d'Entrecasteaux. Préface rédigée par M. de Rossel. Tome 1er, page XII.)

Nous sommes autorisé à supposer que Flinders fit usage de ces notes lorsqu'il fut envoyé, au commencement de ce siècle, reconnaître les découvertes faites à la terre de Van Diémen. Dans l'introduction de l'ouvrage important que le capitaine anglais fit paraître plus tard sous le titre suivant : *Un voyage en Australie,* il se plaît à rendre hommage aux talents de Beautemps-Beaupré. Voici ce qu'il dit entre autres choses : « Les cartes des baies, ports et bras de mer de l'extrémité sud-est de la terre de Van Diémen, construites dans cette expédition par M. Beautemps-Beaupré et ses collaborateurs, paraissent réunir l'exactitude scientifique et la précision minutieuse des détails à un degré peu commun de netteté dans l'exécution :

elles contiennent quelques-uns des plus beaux spécimens de levers nautiques qui aient peut-être jamais été exécutés dans une contrée nouvelle. » *(A voyage to terra Australia,* par Matthieu Flinders, commandant de *L'Investigateur.* Londres. 1814.)

L'exploration de la partie méridionale de la terre de Van-Diémen appartient tout entière à l'hydrographie française; malheureusement, des complications imprévues ne laissèrent pas à nos marins le temps de compléter leur découverte et de résoudre le problème qui les avait attirés dans ces parages. C'est à un chirurgien de la marine britannique qu'était réservé l'honneur de trouver cette solution. Parti de Sydney sur une frêle embarcation, Bass traversa le premier le détroit qui porte aujourd'hui son nom (1798). Il constata la séparation de la Nouvelle-Hollande et de la terre sur laquelle, le 24 novembre 1642, avait abordé Tasman.

Quant à Flinders, il franchit le détroit de Bass sur la goëlette *Le Norfolk,* et fit le tour de la terre de Van-Diémen, avant de rentrer à Sydney (1801-1803).

N° 2.

Les cordons du poêle étaient tenus :

Pour l'Institut :

Par M. le contre-amiral honoraire Duperrey;

Pour le bureau des longitudes :

M. le vice-amiral Baudin;

Pour la marine :

M. le vice-amiral Dupetit-Thouars;

Pour le dépôt général des cartes et plans de la marine :

M. le contre-amiral Mathieu;

Pour le corps des ingénieurs hydrographes :

M. Bégat, ingénieur hydrographe en chef ;

Pour la commission des phares :

M. L. Reynaud, ingénieur en chef des ponts et chaussées, secrétaire général de cette commission.

N° 3.

• Le 17 avril 1783, l'amiral d'Entrecasteaux donna le nom de Beaupré à une île située entre l'archipel du Saint-Esprit et la Nouvelle-Calédonie.

Un des bâtiments de notre flotte s'appelle le Beautemps-Beaupré. — Nous lisons également ce nom sur une machine à vapeur faisant partie du matériel de la Compagnie du chemin de fer du Nord.

Beautemps-Beaupré fut nommé successivement chevalier de Saint-Louis, de Saint-Michel, officier, commandeur et grand officier de la Légion d'honneur. S. M. britannique lui envoya son ordre des Guelfes de Hanovre.

31 juillet 1791. — Il est désigné pour être embarqué avec le titre de premier ingénieur hydrographe.

2 février 1804. — Il est appelé aux fonctions de sous-chef des ingénieurs hydrographes et de sous-chef du Dépôt général de la marine.

1er août 1809. — Il reçoit des mains de l'Empereur la décoration de la Couronne de fer.

24 septembre 1810. — Il est nommé membre de la première classe de l'Institut.

6 juin 1814. — Ingénieur hydrographe en chef et conservateur-adjoint du dépôt général des cartes, plans et journaux de la marine.

1816. — Membre de l'académie des sciences de Gœttingue.

30 décembre 1824. — Membre du bureau des longitudes.

1826. — Membre de la Commission des Phares, etc.

N° 4.

ÉTAT NOMINATIF

des officiers, savants et artistes embarqués sur la frégate La Recherche, *aux ordres de M. d'Entrecasteaux.*

LA RECHERCHE.

M. Bruny d'Entrecasteaux, chef de division, commandant l'expédition; fait contre-amiral le 30 septembre 1791.

LIEUTENANTS.

MM. d'Hesmivy-d'Auribeau, fait capitaine de vaisseau.
de Rossel.
de Cretin.
la Fresnaye de Saint-Aignan.
Singler de Welle.
Willaumez.

CHIRURGIEN-MAJOR.

M. Renard.

AUMONIER.

M. Ventenat, chanoine régulier, naturaliste.

ÉLÈVES ET VOLONTAIRES.

MM. Mérite, volontaire, fait enseigne.
Achard de Bonvouloir, élève, fait enseigne.
de Longuerue, id. id.
Foustier, fait volontaire.
de Lambert (Henri), fait volontaire.
Deslacs (Hippolyte), id.

INGÉNIEUR, SAVANTS, ARTISTE ET JARDINIER.

MM. Beautemps-Beaupré, ingénieur hydrographe.
l'abbé Bertrand, astronome, débarqué au cap de Bonne-Espérance.
La Billardière, naturaliste.
Deschamps, id.
Piron, dessinateur.
La Haye, jardinier botaniste.

Châlons-sur-Marne, imp. F. Thouille.

www.ingramcontent.com/pod-product-compliance
Ingram Content Group UK Ltd.
Pitfield, Milton Keynes, MK11 3LW, UK
UKHW021102270726
13994UKWH00009B/1992

9 782329 407470